L^{27}n 19398.

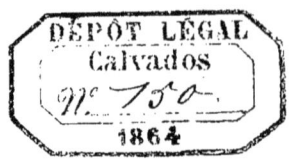

M. FRÉDÉRIC TAULIER

SA VIE ET SES ŒUVRES

OUVRAGES DU MÊME AUTEUR.

Des Intérêts : Études philosophiques, historiques et juridiques. Un vol. in-8°. Paris, Durand, 1861. . . . . 2 fr. ""

Étude sur Michel de Marillac (1563-1632). Brochure in-8°. Paris, Durand, 1862. . . . . 1 fr. 50

Étude sur Antoine de Govéa (1505-1566). Brochure in-8°. Paris, Durand, 1864 . . . . 1 fr. 50

Études sur les antiquités juridiques d'Athènes. — 1re Étude : Les institutions commerciales d'Athènes au temps de Démosthène. Brochure in-8°. *Sous presse.*

Caen, typ. F. Le Blanc-Hardel.

M. FRÉDÉRIC TAULIER

SA VIE ET SES OEUVRES

(1806-1861)

DISCOURS

PRONONCÉ A LA FACULTÉ DE DROIT DE GRENOBLE

LE 18 NOVEMBRE 1864

PAR

M. EXUPÈRE CAILLEMER

PROFESSEUR DE CODE NAPOLÉON

PARIS	GRENOBLE
A. **DURAND**, Libraire-Éditeur	Alexandre **RAVANAT**, Libraire
Rue des Grès, 7	Place de la Halle

1864

M. FRÉDÉRIC TAULIER,

SA VIE ET SES ŒUVRES.

Messieurs,

Les espérances dont je vous entretenais au moment de notre dernière séparation se sont réalisées. Cette chaire que, depuis deux ans, j'occupais seulement à titre provisoire, et qui venait d'être déclarée vacante, m'est définitivement confiée. Une dispense d'âge de plus de trois ans, que j'osais à peine espérer, en songeant que pareille faveur m'avait été déjà octroyée à mon entrée dans l'agrégation, m'a permis d'arriver longtemps avant l'heure au professorat (1).—Permettez donc que mes premières paroles soient des paroles de reconnaissance pour le Chef éminent de l'Université, qui, sans se faire contre moi une arme de ma jeunesse, a daigné me présenter à l'agrément de l'Empereur. Je ne pourrais non plus, sans ingratitude, oublier les termes trop bienveillants et trop flatteurs dans lesquels mes honorables collègues de la Faculté, et les membres du Conseil académique, en me désignant unanimement et en première ligne au choix de

(1) Décret du 12 octobre 1864.

Son Excellence, sollicitaient pour moi cette faveur exceptionnelle. De semblables témoignages, à défaut de longs services rendus, doivent être pour moi plutôt un encouragement qu'une récompense. Ils m'invitent à bien faire, à redoubler d'efforts dans l'accomplissement de ma tâche, à me dévouer de plus en plus dans votre intérêt à l'enseignement dont je suis chargé. Je ne crois pas trop présumer de moi, Messieurs, en prenant devant vous l'engagement solennel d'accomplir scrupuleusement, dans la mesure de mes forces, les obligations que m'impose cette haute distinction.

Il me reste encore un pieux devoir à remplir, en offrant à la mémoire de mon prédécesseur un juste tribut de regrets et d'éloges. Déjà, dans des circonstances mémorables, deux de mes collègues, qui, plus heureux que moi, avaient été ses collaborateurs, se sont faits les interprètes des sentiments douloureux qu'éprouva la Faculté tout entière, en se voyant séparée de son chef ; ils avaient vécu avec lui ; ils l'avaient aimé, et ils obéissaient aux inspirations affectueuses de leur cœur en rendant à l'homme et à l'ami un dernier hommage (1). — Pour moi, qui, au moment où j'appris sa mort inattendue, étais encore l'élève d'une Faculté éloignée, et ne pouvais prévoir alors que bientôt je serais appelé à occuper sa place, je ne l'ai connu que par ses œuvres, et c'est surtout du professeur et de l'écrivain que j'aurai à vous entretenir.

M. Marc-Joseph-Frédéric Taulier naquit à Grenoble,

---

(1) M. Burdet, Discours prononcé aux obsèques de M. Taulier (*Courrier de l'Isère* du 26 janvier 1861) et Rapport du 14 novembre 1861. — M. Périer (*Courrier de l'Isère* du 24 janvier 1861).

le 15 décembre 1806. Il fit dans cette ville de brillantes études littéraires, qui furent couronnées par de glorieux succès, et qui révélèrent bientôt chez le jeune étudiant une heureuse aptitude pour le travail, développée par une volonté énergique, en même temps qu'elles annonçaient cette imagination ardente et poétique que l'on retrouve dans toutes les préoccupations de sa vie. Le 19 mars 1823, à peine âgé de seize ans, il était bachelier.

Au moment où il quittait ainsi les bancs du collége, la ville de Grenoble était dépouillée de sa Faculté de Droit. L'autorité avait cru remarquer que les élèves de l'École prenaient constamment une part active aux troubles qui fréquemment agitaient cette cité ; on les avait vus former des attroupements séditieux et arborer des signes de rebellion. Toutes les mesures prises ayant été impuissantes pour prévenir le retour de pareils désordres, on se résolut à frapper un grand coup qui atteignit en même temps les maîtres et les disciples. Une ordonnance royale du 2 avril 1821, rendue sur le rapport de M. de Corbière, supprima la Faculté (1). Les professeurs furent dépouillés de

---

(1) La Faculté se composait alors de : MM. Planel, doyen et professeur de Code Napoléon, ancien agrégé, ancien professeur et ancien recteur de l'Université de Valence (1er novembre 1805); Pal, professeur de Code Napoléon (1er novembre 1805); Burdet, professeur de Droit romain (11 avril 1810); Bally, professeur de Code Napoléon (21 mars 1816); Girerd-Bolland, professeur de procédure civile (9 août 1820); Quinon, suppléant (1er février 1817 ; Pellat, suppléant (9 août 1820). M. Pellat, dernier représentant de l'ancienne Faculté, est aujourd'hui doyen de la Faculté de Paris, membre de l'Institut et commandeur de la Légion-d'Honneur.

leurs chaires, sans qu'aucune compensation leur fût offerte, et les élèves durent se pourvoir auprès du Conseil de l'instruction publique pour obtenir l'autorisation de continuer leurs études dans les autres Facultés du royaume. Quant aux jeunes générations, qui jusque-là s'étaient dirigées vers Grenoble pour y conquérir leurs titres universitaires, elles allèrent grossir le personnel des Facultés d'Aix et de Dijon.

Le père de M. Taulier ne suivit pas l'exemple commun : il retint près de lui son jeune fils, et attendit patiemment la réorganisation de la Faculté, que tout faisait espérer dans un avenir prochain.

Louis XVIII ne consentit pas cependant à revenir sur la décision qu'il avait prise ; mais, moins de huit jours après sa mort, le 22 septembre 1824, une nouvelle ordonnance, signée par Charles X, et rendue sur le rapport de Mgr d'Hermopolis, l'abbé Frayssinous, rétablissait la Faculté (1).

M. Taulier fut un de ses premiers élèves, et, quatre ans plus tard, à la suite d'épreuves, dont le résultat fut toujours le même et valut à l'étudiant les notes les plus flatteuses, il obtenait le diplôme de docteur en Droit (20 octobre 1828).

---

(1) Un arrêté ministériel du lendemain 23 nomma MM. Gautier (avocat et adjoint au maire de Grenoble) professeur de Code Napoléon et doyen ; Burdet (ancien professeur et conseiller à la Cour de Grenoble), professeur de Droit romain; Bolland (ancien professeur), professeur de procédure civile et de législation criminelle; Bazille (conseiller à la Cour de Grenoble), professeur de Code Napoléon; Monseignat (juge d'instruction à Bar-le-Duc), professeur de Code Napoléon; Girerd (juge suppléant à Grenoble), suppléant; Sabatéry (avocat), suppléant.

Il allait bientôt avoir vingt-deux ans. Le théâtre restreint sur lequel sa vie s'était jusqu'alors facilement écoulée, au milieu des douces joies de la famille, lui parut trop étroit et trop insuffisant. « Je désirai, dit-il, des pays lointains, et les émotions inconnues de l'absence... Mon cœur bondissait à l'idée d'un voyage... Paris m'apparut comme la terre de poésie et de liberté. Ses monuments, ses grands hommes, son éclat retentissant firent bouillonner ma pensée, et... je vis Paris » (1). — Les conseils affectueux d'un père qui sans cesse lui parlait d'honneur, d'estime publique, de talent et d'avenir, le soutinrent pendant l'absence, et les deux années qu'il passa loin de Grenoble furent par lui consacrées au travail et à l'étude.

Il avait eu l'heureuse fortune d'être admis près d'une des illustrations les plus pures du barreau de Paris. M. Hennequin, celui que ses anciens confrères appellent encore aujourd'hui *le célèbre avocat,* avait su, soit comme orateur, soit comme jurisconsulte, conquérir en peu de temps un grand nom, que la loyauté de son caractère et la dignité de sa vie rehaussaient encore. Il veilla avec sollicitude sur le jeune docteur, dans les œuvres duquel on retrouvera plus tard l'image des qualités et des imperfections qui signalaient ses propres travaux. — Ceux qui ont eu le bonheur, bonheur inestimable, croyez-en mon expérience personnelle, de vivre à l'ombre

---

(1) *Quatorze ans!!* — Recueil manuscrit de pensées pleines de mélancolique poésie, et qui répondent bien à leur épigraphe : *Tristis est anima mea usque ad mortem* (Saint Marc, 14-34). Elles remontent au mois de septembre 1835.

de l'un de ces bienveillants patronages, et auxquels il a été donné de rencontrer un de ces maîtres habiles qui vous prodiguent à toute heure, à tout instant, leurs précieux enseignements sous la forme la plus simple et la plus affectueuse ; qui, sans cesse, sous vos yeux, joignent l'exemple au précepte, et vous fournissent, avec une bonté sans égale, l'occasion de mettre en pratique les théories que vous avez pu laborieusement accumuler; ceux-là, dis-je, comprendront aisément les sentiments de reconnaissance que M. Taulier avait conservés pour celui qui fut son guide, je dirais presque son ami, et dont il se plaisait à rappeler le souvenir.

La mort inattendue de son père suspendit brusquement des relations aussi agréables et aussi fructueuses. M. Taulier revint à Grenoble.

Il y était à peine depuis quelques mois, lorsqu'un concours s'ouvrit devant la Faculté de Droit, pour une chaire de Code Napoléon et pour une chaire de Droit romain, que laissaient vacantes M. Bazille et M. Burdet.—M. Taulier, qui n'avait pas même l'âge requis pour être suppléant, se jeta néanmoins dans la lutte (1). — La chaire de Code Napoléon fut glorieusement conquise par un jeune docteur, qui avait vu s'ouvrir devant lui les portes d'une de nos Cours souveraines, et qui abandonnait, sans regrets, les

---

(1) Le 5 janvier 1831, la Faculté, appelée par le Grand-Maître de l'Université à donner son avis sur la dispense d'âge sollicitée par M. Taulier, émit une opinion favorable dans les termes les plus flatteurs pour le jeune candidat. (V. Reg. ms. des délibérations de la Faculté, t. I, f° 74.)

perspectives les plus brillantes et les plus élevées de la magistrature, pour continuer les traditions paternelles dans la Faculté qu'il dirige aujourd'hui. — Mais la lutte fut plus vive pour la chaire de Droit romain, et peu s'en fallut que M. Taulier ne sortît vainqueur du combat.

Il avait pour rival un concurrent beaucoup plus âgé que lui, qui avait appartenu à la Faculté comme suppléant dès 1817, que l'on avait compris dans la proscription générale de 1821, sans lui restituer ses fonctions lors de la réorganisation en 1824, et que la révolution de Juillet venait seulement de faire rentrer dans l'École. — Dans le doute, ces considérations devaient faire pencher la balance en faveur de M. Quinon; M. Taulier n'obtint que la suppléance, laissée vacante par cette promotion au professorat (1).

Il remplit avec zèle ses nouvelles fonctions ; et, comme, à raison de la régularité que les professeurs titulaires mettaient dans l'accomplissement de leurs devoirs, il lui restait encore quelques loisirs, il les consacra à un cours de législation civile élémentaire, pour les élèves-maîtres de l'École normale primaire de Grenoble. — L'objet de cet enseignement avait quelque chose d'analogue à celui qu'une haute initiative organisait récemment dans

---

(1) Les opérations du concours, ouvert le 1ᵉʳ mars 1831, furent terminées le 7 mai suivant. M. Taulier fut institué comme suppléant le 16 septembre 1831 et installé le 1ᵉʳ octobre de la même année. (Reg. ms. des délibérations de la Faculté de Droit de Grenoble, t. I, fᵒ 77.)

les lycées de l'Empire ; il comprenait quelques notions générales sur les matières du Droit qui intéressent tous les citoyens, et des explications plus approfondies sur celles qui offraient un intérêt spécial à ses auditeurs, notamment sur les actes de l'état civil, à la rédaction desquels les instituteurs de nos communes rurales prennent une part si active.

M. Taulier suivait aussi, avec une scrupuleuse assiduité, le mouvement de la littérature juridique dans notre pays : les œuvres de M. Guizot, de MM. Augustin et Amédée Thierry, de M. Michelet, lui étaient également familières ; et, dans une Étude sur les *Progrès de la Jurisprudence en France,* présentée, en 1838, à l'Académie Delphinale (1), il consigna des appréciations, pleines de sagacité et de justesse, sur les travaux historiques qui parurent alors en si grand nombre, et dont quelques-uns, comme ceux de Klimrath et de M. Laferrière, suffirent à asseoir la réputation de leurs auteurs.

Cette intelligente activité devait bientôt trouver sa récompense. Des trois suppléants que possédait alors la Faculté, M. Taulier était le dernier venu dans l'École; et, cependant, lorsque la chaire de Code civil, occupée depuis la réorganisation par M. Monseignat, se trouva vacante, il en fut provisoirement chargé. Le 6 août 1838, sous la présidence de M. le doyen Gautier, un concours s'ouvrit pour y pourvoir définitivement, et, pour la seconde fois, il descendit dans l'arène.

---

(1) *Des progrès de la Jurisprudence en France*, lu à la Société des sciences et arts de Grenoble, dans sa séance du 2 février 1838. — Grenoble, Prudhomme, 1838. Broch. in-8° de 40 pages.

Cette fois encore, la lutte fut vive et se concentra surtout entre deux candidats. C'était, d'une part, M. Taulier, qui pouvait se prévaloir de son titre de suppléant, honorablement obtenu au concours, des services qu'il avait rendus à la Faculté et à la propagation du Droit par ses leçons élémentaires, et enfin, d'une sorte de possession existant en sa faveur, puisqu'il avait déjà temporairement enseigné dans la chaire que l'on allait concéder. — C'était, d'autre part, un jeune docteur de la Faculté d'Aix, M. Alban d'Hauthuille, qui venait au combat avec l'auréole d'un succès récent, obtenu sur les bancs mêmes de l'École. Pour conquérir son diplôme de docteur, il avait, comme tribut académique, présenté à ses juges un essai sur une des parties les plus difficiles du Droit romain et du Droit français : je veux parler du droit d'accroissement. Sa dissertation, modèle d'exposition et de clarté, avait révélé tout d'un coup un jurisconsulte de premier ordre, et, franchissant les limites assez restreintes du public auquel elle était primitivement destinée, avait pris une place saillante, à côté de monographies signées des noms les plus illustres. De nouveaux mémoires sur des questions de Droit romain, sur la prestation des fautes, sur la dénonciation de nouvel œuvre, annonçaient dans leur auteur un collaborateur actif et infatigable pour la Faculté qui pourrait se l'attacher.

Aussi, Messieurs, le succès fut-il chaleureusement disputé. Les juges et les spectateurs de ces luttes pleines de vivacité et de courtoisie ne peuvent, à vingt-cinq ans de distance, se rappeler sans intérêt leurs péripéties et leurs vicissitudes ; et, quand on vint à prononcer sur le mérite des deux concurrents rivaux, les suffrages se trouvèrent également divisés. — Il fallait pourtant qu'un des deux succombât. M. Taulier eut le bonheur de compter au nombre de ses partisans le Président du concours, dont, en cas de partage, la voix devait être prépondérante, et ce fut lui qui succéda à M. Monseignat. — Quant à d'Hauthuille, la Providence, qui lui avait trop parcimonieusement mesuré la vie, lui devait bien quelques satisfactions. Peu de mois après, il entra glorieusement vainqueur dans la Faculté même qui l'avait eu pour élève, et qui bientôt pleura sa mort prématurée.

Le 20 novembre 1860, dans la séance solennelle de rentrée des Facultés, qui devait être pour lui la dernière, M. Taulier, adressant, au nom de ses collègues, un hommage suprême à la mémoire vénérée de M. le doyen Gautier, rappelait avec émotion les incertitudes et les hésitations qui avaient signalé sa victoire. Victoire très-importante pour lui ! Messieurs ; car près de vingt années devaient s'écouler avant qu'une nouvelle nomination se produisît dans notre École ; et peut-être eût-il dû partager le sort de ses anciens collègues dans la suppléance, M. Girerd et M. Gadot, pour lesquels l'entrée du professorat, par cette raison, resta toujours fermée.

A peine installé dans sa chaire, M. Taulier entreprit, d'après un plan tout nouveau, une publication importante sur l'objet de son enseignement. Il se proposa, nous dit-il, d'envisager la loi dans son individualité actuellement vivante, isolée du Droit romain, du Droit coutumier, de la Jurisprudence ancienne et moderne. Il voulut l'expliquer par elle-même, en s'adressant tout à la fois à la raison universelle et à la raison relative : — à la raison universelle, c'est-à-dire à la loi de Dieu, à ce sens moral, commun à tous les hommes, et qui est toujours sûr de rallier à lui la majorité des suffrages ; — à la raison relative, c'est-à-dire aux considérations sociales devant lesquelles la vérité générale a dû fléchir. Il espérait, sur la conciliation de cette double base, asseoir chacune de ses théories (1).

Un pareil programme avait bien des dangers, et l'exemple de M. Taulier suffirait même à prouver qu'il est impossible de le remplir avec succès. Malgré les grandes qualités littéraires qui distinguent son œuvre, malgré les témoignages flatteurs qu'il reçut des représentants les plus éminents de la science du Droit, de M. Rossi, de M. Troplong et de tant d'autres, malgré la distinction honorifique qui lui fut exceptionnellement accordée (2), ses espérances furent en partie déçues, et la THÉORIE RAISONNÉE DU CODE CIVIL ne prit point dans la littérature juridique le rang distingué qu'il avait rêvé pour elle. Il n'avait pas assez tenu compte des conditions essentielles que doit aujourd'hui réunir le vrai jurisconsulte. Dans l'interprétation de la loi positive qui nous régit actuellement, mettre de côté l'élément historique, l'élément philosophique et social, l'élément pratique, et faire uni-

---

(1) *Théorie raisonnée du Code civil*. Paris, Delhomme, 1840-1848. 7 vol. in-8°.

(2) M. Taulier fut nommé chevalier de la Légion-d'Honneur le 28 avril 1842, n'ayant que dix ans de services.

quement appel aux lumières du sens commun, c'était restreindre par trop la sphère dans laquelle on devait se mouvoir. M. Ortolan l'a dit ingénieusement : c'était réduire son œuvre à ressembler trop souvent aux discours des orateurs du Gouvernement et des membres du Tribunat.

M. Taulier voulait restituer à la science du Droit ce caractère de pureté qui la rend belle et attrayante pour des esprits novices, la justifier du reproche de sécheresse qui lui est souvent adressé, et faire un livre qui fût seulement un hommage aux principes. — Quel fut le résultat? Condamné par son système à des généralités vagues et indécises, il enlevait au jurisconsulte, qui l'eût pris pour seul guide, les armes les plus puissantes et les plus solides, tandis qu'il le couvrait seulement d'une parure légère et brillante, inutile et même dangereuse pour le jour du combat. Les principes de notre science réclament une forme plus sévère, plus vive et plus accentuée ; les déductions doivent être plus serrées, les argumentations plus énergiques et plus puissantes, la méthode plus rigoureuse ; il faut aussi plus de vigueur, plus de fermeté, plus de précision dans le style. — L'œuvre sera peut-être moins élégante et moins gracieuse; quelques esprits superficiels s'effraieront et refuseront de vous suivre plus loin? Quittez-les sans regret. Le but vers lequel vous vous dirigez est trop élevé pour eux. L'étude du Droit est immense, elle est presque sans limites, et il est bon que ceux qui l'abordent soient édifiés sur les difficultés qu'elle présente et sur les efforts qu'elle exige.

Cette exclusion systématique des sciences accessoires, que je viens de reprocher à M. Taulier, ne saurait cependant être attribuée au dédain ou à l'incompétence. L'auteur l'a prouvé lui-même en leur faisant appel dans deux circonstances où leur concours lui devenait indispensable, pour défendre, contre de puissants adversaires, les théories qu'il adoptait.

A cette époque, Messieurs, de vives et nombreuses attaques étaient, en effet, dirigées contre le droit de propriété, et, si les diverses écoles socialistes ne s'entendaient pas sur les moyens à employer, toutes étaient d'accord pour faire disparaître cette institution divine, qui, pour elles, n'était qu'une plaie de l'ordre social.

C'était d'abord le comte de Saint-Simon qui, tourmenté du désir de réformer la société et de la réorganiser par le travail, ne l'envisageait que comme une vaste agrégation de travailleurs. Il avait remarqué, avec raison, ce qu'il appelait notre individualisme ; c'est-à-dire, cette disposition égoïste qui nous porte à vivre dans la contemplation exclusive de notre personne, sans nul souci de nos semblables que nous cherchons plutôt à éloigner de nous. Pour faire disparaître ce mal, le remède naturel n'était-il pas dans l'association ? Pensée juste, morale et féconde en elle-même, mais qu'il ne faut point exagérer : autrement elle devient la source et le principe d'un nouveau danger ! Ce fut malheureusement ce qui arriva. Pour Saint-Simon, l'idée de propriété disparut devant l'idée de production. Chaque citoyen n'eut de droits que dans la mesure de sa capacité, et cette capacité fut déterminée par les Pontifes, d'après les œuvres que chacun produisait. — L'école Saint-Simonienne, avec une logique inexorable, tira les conséquences des prémisses posées par son chef, en proclamant l'abolition du droit de propriété, et de son attribut le plus cher à nos cœurs : le droit de transmettre à nos enfants le résultat des efforts de notre faculté productive.

A côté de cette première école, se rangeaient les communistes, dont le point de départ était simple et de nature à séduire les esprits auxquels ils s'adressaient de préférence. — L'homme est né pour être heureux. A l'écart donc, disaient-ils, ces théories arriérées du stoïcisme et du christianisme, qui déclarent que la vie est un combat, et qui nous prêchent l'abnégation et le sacrifice ! L'homme n'est dans sa voie véritable que lorsqu'il marche à la réalisation de son bonheur, et le devoir de ceux qui dirigent l'humanité est de la conduire à la félicité universelle. Tous les citoyens ont droit à l'égalité absolue du bonheur, et, parmi les éléments de ce bonheur, figure au premier rang le droit de propriété. Supprimez donc la propriété particulière qui, en l'état, n'est rien autre chose qu'un privilége au profit d'un petit nombre, et substituez-lui la répartition égale ou l'administration commune, au nom de tous, de ce patrimoine dont vous aurez dépouillé les anciens possesseurs.

Puis, c'étaient les disciples de Fourier, qui proclamaient que l'homme n'a de droits légitimes que sur les choses créées par son activité, et que, la terre n'ayant pas été créée par l'homme, aucun de nous ne peut s'en dire propriétaire exclusif. Et, cependant, on ne doit pas détruire l'idée de propriété lorsque l'homme aura, à son tour, été créateur. Pour permettre au citoyen de se prévaloir légitimement d'un droit de propriété, il faut donc que la société lui fournisse les moyens de créer quelque chose, soit en lui abandonnant, à titre d'usufruit, une partie du sol, soit en le mettant à même d'exercer un art industriel, ou de cultiver les sciences, les lettres et les arts. Puisque l'homme a le droit de devenir créateur, le droit au travail est un des droits naturels de l'individu. Pour en réglementer l'exercice, on aura recours à l'association : on divisera l'humanité en phalanges régulières et harmoniques, dont les membres déposeront dans une masse commune le produit de leurs travaux individuels. Réunis à l'abri d'un vaste phalanstère, ils goûteront des joies jusqu'à ce jour inconnues des mortels, et, par les soins d'une direction irréprochable, chaque phalanstérien recevra, sur la masse du capital créé, une part proportionnelle au concours qu'il aura apporté à la production de ce capital.

Vous parlerai-je enfin de ce paradoxe monstrueux : « Qu'est-ce que la propriété ? — C'est le vol, » dont l'Académie de Besançon était encore émue, et qui valut à son auteur une douloureuse célébrité, sous le poids de laquelle, malgré ses efforts et ses rétractations, il succombe encore aujourd'hui ? — Vainement M. Proudhon nous annonçait, ces jours derniers, la publication incessante d'une théorie qui justifiera mieux qu'aucune autre le droit de propriété. La société, qu'il a si gravement outragée, voudra-t-elle accepter de ses mains le remède qu'il vient maintenant lui présenter ?

Ainsi attaqué de toutes parts par des adversaires qui devaient même, hélas ! descendre un jour de leur chaire pour demander à l'insurrection et à la guerre civile le succès de leurs doctrines, le droit de propriété a survécu, et cette victoire suffirait, par elle seule, à justifier son existence providentielle. — Nous ne devons pas, toutefois, dans l'ivresse du triomphe, oublier ses courageux défenseurs et notamment M. Taulier qui, parmi eux, occupe un rang honorable.

Il était convaincu que la propriété n'est point une institution purement arbitraire. Sans doute, la loi civile peut la réglementer dans un intérêt général, mais elle ne peut être niée. Elle est, en effet, inviolable en principe, et tout projet de nivellement des fortunes constitue, non pas seulement un rêve insensé, mais bien plutôt un attentat contre les droits que l'homme puise dans la constitution même de son être.

Aussi, sans aucune hésitation, et bien qu'il y eût de sa part infidélité au plan qu'il s'était lui-même tracé, M. Taulier engagea résolûment la lutte avec les théories socialistes. — Je n'oserais dire que sa dissertation peut être comparée aux travaux que, plus tard, en des jours d'anarchie et de deuil, l'Académie des sciences morales et politiques publia pour rassurer les consciences troublées, pour réfuter de séduisants sophismes et faire pénétrer la vérité dans les masses. Ce qui est vrai du moins, c'est qu'elle aborde les objections capitales et les réfute victorieusement sous une forme pleine de bon sens, de sagacité et de modération.

M. Taulier ne se borna pas à renverser les doctrines qu'il combattait ; il essaya de justifier à son tour le droit de propriété, en combinant en quelque sorte les arguments de l'école physiocrate, et ceux de l'école éclectique. Pour lui, la propriété s'explique par l'occupation et par le travail. Lorsqu'un homme s'empare d'une chose vacante, il l'identifie pour ainsi dire avec lui-même. La chose qui était impersonnelle reçoit immédiatement l'empreinte de la personnalité du possesseur. — Bien plus, si, au lieu de supposer une simple possession inactive, vous supposez que l'homme féconde par son travail le coin de terre qu'il s'est approprié ; que, d'une matière informe, il fasse un objet utile à ses besoins ; l'identification de l'homme avec la chose qui est le fruit de son travail et de son génie sera encore plus complète et plus intime.—Désormais, l'homme, c'est la chose; la chose, c'est l'homme. Venir porter atteinte au droit du possesseur sur l'objet possédé, c'est violer le droit du possesseur sur lui-même; c'est outrager sa liberté individuelle. « La propriété, dit-il, c'est la personnalité, c'est la liberté ;... et toute loi qui abolirait la propriété acquise attenterait à un droit supérieur à l'humanité, aussi bien que celle qui détruirait la liberté individuelle, ou prétendrait étouffer la liberté de l'esprit, du cœur et de la conscience. (1) »

Sous une forme plus sévère et plus précise, je dirais que la propriété est la fille légitime de la liberté.—C'est la même idée qu'exprimait récemment un éminent jurisconsulte, lorsqu'il écrivait : « C'est parce que l'homme est libre, qu'il peut acquérir le droit qui s'appelle le droit de propriété ;... c'est à la liberté qu'il faut demander l'explication de la propriété (2). »

---

(1) *Théorie raisonnée du Code civil*, t. II, p. 205 et 256.
(2) M. Bertauld : *La liberté civile*. Paris, 1864, p. 96 et 101.

La philosophie, que **M**. Taulier avait eu le tort d'exclure de son plan, vient de lui fournir ses meilleures armes.—Nous allons reconnaître qu'il en sera de même pour l'histoire. M. Taulier, tout en paraissant la négliger, croyait avec raison que nos lois civiles sont aujourd'hui le reflet des droits divers qui se partageaient, avant 1789, l'ancienne France ; et il en tirait cette conséquence que, pour éclairer soit l'ensemble, soit quelques parties de la législation présente, le passé renferme d'immenses richesses trop longtemps méconnues, peut-être encore trop dédaignées. (1)

En effet, Messieurs, rappelez-vous ces notions d'histoire juridique, que je développais, il y a deux ans, devant vous, et vous verrez chacun des peuples, qui ont successivement occupé le territoire de la France, marquer de son empreinte notre législation nationale.—Sur le vieil élément celtique, dont la presqu'île armoricaine a fidèlement conservé les vestiges, s'est superposé d'abord l'élément romain, dont l'influence s'est exercée surtout dans ces provinces du midi, où la domination de l'Empire n'était point seulement nominale.—Plus tard, les Burgondes à l'est, les Wisigoths dans l'ancienne Aquitaine, les Francs au nord, sont venus mêler leurs institutions à celles des Gallo-Romains ; et, quand, au Xe siècle, Charles-le-Simple, pour soustraire son royaume aux invasions scandinaves, abandonna la Neustrie aux hommes du Nord, ceux-ci importèrent dans leur nou-

---

(1) *Des progrès de la Jurisprudence en France*, p. 17.

velle conquête leurs régimes nuptiaux (1), qui pénétrèrent si profondément dans les mœurs du pays, que le voisinage des pays de communauté, et les tendances mobilières du XIXe siècle n'ont pu encore les faire disparaître.

M. Taulier ne se bornait pas à reconnaître ces influences : il avait même tracé à grands traits le programme d'une histoire de notre Droit. Il voulait que l'historien, s'emparant d'un sujet, le suivît depuis son origine jusqu'à son état actuel, en nous faisant assister à son développement progressif. Il nous montrera, par exemple, les personnes, les biens, la manière de les acquérir et de les transmettre, la procédure, les peines, naissant du Droit romain et de l'élément germanique, et passant par de nombreuses transformations pour se résumer aujourd'hui en systèmes nouveaux. Les institutions politiques, les sources, les périodes diverses de la législation, trouveront naturellement leur place dans l'histoire de ces essais divers et de ces vicissitudes de la pensée humaine. On pourra apprécier par ce tableau les phases si variées de l'état social; il renfermera l'histoire des lois, et l'histoire de la société jugée par les lois. Puis, on reliera entre elles les différentes parties de l'ouvrage, et on formera un

---

(1) Cette origine scandinave du régime dotal de la Normandie, déjà signalée par M. Laferrière (*Revue critique de législation*, 1858, t. XII, p. 16 et suiv., et *Histoire du Droit français*, t. V, 1858, p. 640 et suiv.), résulte aussi des savantes recherches sur la communauté scandinave de M. d'Olivecrona, professeur à l'Université d'Upsal. Un extrait de son travail a été publié dans la *Revue critique de législation*, 1859, t. XV, p. 218-251.

ensemble, chronologique par les détails, systématique par l'unité (1).

La crainte de donner à son œuvre des développements excessifs empêcha sans doute M. Taulier de réaliser, pour notre législation civile, le plan qu'il vient d'indiquer. Une nouvelle infidélité à sa méthode ordinaire est là pour nous prouver que cette tâche n'était point au-dessus de ses forces. De même qu'il avait voulu établir par la philosophie le droit de propriété méconnu, de même aussi, pour justifier le droit de succession *ab intestat* ou testamentaire, il va demander des arguments à l'histoire et prouver par là combien la marche de nos lois a été progressive.—Aux premiers temps de Rome, le père de famille a un pouvoir sans limites, que, dans des vues équitables, le préteur restreint peu à peu, sans lui faire perdre son caractère primitif. Dans la Germanie, au contraire, c'est l'idée d'association qui domine : les membres de la famille sont tous co-propriétaires du patrimoine, et une étroite solidarité les unit entre eux. Le chef ne peut aliéner le bien sans le consentement de ceux qui sont sous sa puissance.—Entre deux éléments si divers, une fusion était-elle possible ?

L'expérience l'a démontré. Le Code Napoléon, laissant pour le surplus au père de famille une liberté absolue, réserve aux parents les plus proches une part de la fortune qui ne peut leur être enlevée ; et la loi a sagement agi, quoi qu'en disent les critiques que le Corps législatif entendait, il y a peu de temps. Elle est arrivée, par une marche lente et successive, à effa-

(1) *Des progrès de la Jurisprudence en France*, p. 10.

cer des inégalités qui ne puisaient leur raison d'être que dans les abus de la force ou les préjugés de siècles encore barbares. Elle a fait disparaître le principe exagéré de conservation des biens dans les familles, et triompher les idées de liberté individuelle et de crédit public. — Je ne dirai pas, avec M. Taulier, que notre Code « est fait avec des ruines. » Ces mots rendraient mal ma pensée, et sembleraient impliquer un blâme. J'aime mieux dire que, sous l'influence d'un intelligent éclectisme, il a choisi dans les législations passées ce qu'elles avaient de meilleur et de plus conforme à notre civilisation actuelle, et, de ses découvertes auxquelles il imprimait le caractère de sa propre personnalité, il a formé un ensemble, perfectible encore assurément, mais déjà suffisamment harmonieux.

Nous avons vu le jurisconsulte, le philosophe et l'historien; voyons maintenant l'économiste.

M. Taulier comparait, un jour, l'humanité à un char lancé dans l'espace que les uns, pleins d'impatience, poussent en avant, tandis que les autres, plus calmes, cherchent à le retenir. Lui-même se rangeait, en politique, parmi ceux qui le retiennent, non pas pour l'arrêter, mais afin de diriger et de régulariser sa marche. En d'autres termes, il appartenait au parti de la résistance plus encore qu'au parti de mouvement (1).

Cela était vrai également pour l'économie politique. Dans les rares occasions où il avait à se prononcer sur les controverses qu'agite cette science aujourd'hui si puissante, par exemple, sur la nature de la monnaie

(1) Discours du 27 février 1845, lors de l'installation de M. Taulier comme maire de Grenoble, p. 7 et 8.

et la légitimité de l'art. 1895 du Code Napoléon, sur la liberté du crédit et la valeur de la loi du 3 septembre 1807, les opinions qu'il exprima ne rencontreraient aujourd'hui, dans le monde économique, qu'un petit nombre de partisans.

Une fois, cependant, il se laissa entraîner parmi ceux « qui poussent en avant ». Il s'agissait de savoir si l'on doit reconnaître un louage d'ouvrage ou un mandat dans le contrat qui intervient à l'occasion de l'exercice d'une profession libérale. Peut-on dire que l'avocat, lorsqu'il défend son client, que le médecin, lorsqu'il prodigue ses soins au malade, ont loué leurs services ? Si nous devions en croire les intéressés, un abîme profond séparerait les travaux matériels des travaux de l'intelligence. Ici, c'est un mandat ; là, le contrat est moins noble : il n'y aura qu'un louage. Ceux-ci se rémunèrent, les autres se paient : aux uns l'honoraire, aux autres le salaire ! — J'entendais naguère, dans cette enceinte du Collège de France, qui retentit sans cesse de la voix du progrès, un jeune et brillant professeur réfuter victorieusement ces distinctions puériles, qui peuvent satisfaire un amour-propre mesquin, mais qui sont contraires à la réalité des choses, et dont le seul résultat est de maintenir des divisions et des discordes dans la grande famille des travailleurs (1). Des applaudissements répétés

---

(1) Les grands jurisconsultes du XVIe siècle, Cujas, Hotman, Govéa..., ne connaissaient point ces susceptibilités. Ils donnaient le nom de *conduites* (*conductiones*) aux contrats qu'ils passaient avec les villes dans lesquelles ils devaient enseigner, et le plus souvent leurs appointements portaient le nom de *gages*.

témoignèrent aussitôt des sympathies d'un auditoire exclusivement occupé cependant des études libérales. Quinze ans plus tôt, M. Taulier défendait les mêmes théories, combattait pour les mêmes principes et invoquait en leur faveur ces mêmes arguments qui excitaient, en 1862, l'enthousiasme des disciples de M. Henri Baudrillart (1).

Cet amour de la fraternité entre les hommes, qui lui faisait proscrire les susceptibilités orgueilleuses, les suprématies exclusives, les antipathies avouées et calculées (2), va nous expliquer une pensée qui revient à chaque instant sous sa plume. L'idée de la paix perpétuelle et universelle, ce rêve d'un honnête homme du siècle dernier, l'abbé de Saint-Pierre, préoccupa souvent M. Taulier. « Après la naïve faiblesse de l'enfance, après les passions et les erreurs de la jeunesse, après la maturité inquiète de l'âge mûr, l'homme est réservé à l'innocent repos de la vieillesse. Pourquoi la société universelle, qui a eu déjà divers âges, n'aurait-elle pas celui du calme suprême ? Pourquoi les nations, se donnant un jour la main, ne viendraient-elles pas toucher au même port, et, avant de mourir, s'abriter un peu sous la même tente (3) ? » — « Le monde, disait-il encore, a marché de l'individu à la famille, de la famille à la cité, de la cité à la province, de la province à la nation. Il arrivera à l'unité. C'est sa loi providentielle, et,

---

(1) *Théorie raisonnée*, t. VI, p. 284 et suiv.
(2) Discours du 25 mars 1848, lors de l'installation de la Faculté des Lettres de Grenoble, p. 2.
(3) *Des progrès de la Jurisprudence en France*, 1838, p. 27.

dans le lointain des âges à venir, sa destinée suprême (1) ! » —N'est-ce là, Messieurs, comme on le répète souvent, qu'une chimère, qu'une vaine utopie? Pour ma part, il m'en coûterait beaucoup de le croire, et j'aime mieux adopter de grand cœur les espérances de M. Taulier. Sans doute, le jour où les nations se tendront sérieusement et pour toujours une main amie est encore bien loin de nous. Qu'importe si chaque année nous en rapproche? Notre mission, à nous, qui n'en verrons jamais briller l'aurore, c'est de croire à sa possibilité; c'est de préparer sa venue pour nos arrière-neveux, en rejetant loin de nous tout égoïsme individuel et en nous dépouillant de notre humeur belliqueuse et de nos barbares préjugés. — Si nous nous trompons, notre erreur sera excusable ; car elle aura été le principe des résolutions les plus généreuses, et nul n'aura le droit de nous la reprocher.

Par le rapide tableau que je viens d'esquisser devant vous, vous pouvez, Messieurs, apprécier maintenant l'esprit général qui, pendant vingt-trois ans, anima l'enseignement de M. Taulier dans la chaire que j'occupe aujourd'hui. Il offrait à ses auditeurs, qui ne lui ménageaient point les démonstrations sympathiques, des théories simples et faciles, présentées sous une forme élégante et gracieuse; et la notoriété du succès ne tarda pas à s'attacher à son nom.

Aussi, lorsqu'en 1855, le vénérable M. Gautier qui, pendant plus de trente ans, avait dirigé la

---

(1) *Théorie raisonnée du Code civil*, t. III, p. 114. — Discours du 6 août 1841 pour la clôture du cours de troisième année, p. 16. — Discours du 25 mars 1848, p. 3.

Faculté, pensa que l'heure du repos avait sonné pour lui, M. Taulier, encore bien qu'il fût le plus jeune des six professeurs titulaires que la Faculté possédait alors (1), fut appelé à l'honneur du décanat, et, l'année suivante, désigné pour siéger à Paris parmi les juges du premier concours d'agrégation.

Dans l'exercice de ses fonctions de doyen, il déploya une activité considérable, trop considérable peut-être, car elle menaçait parfois d'empiéter sur les légitimes attributions de la Faculté tout entière. Exigeant pour lui-même, et donnant le premier l'exemple de la soumission aux réglements qu'il avait tracés, il se croyait avec raison le droit de réclamer de ses collègues beaucoup de zèle et beaucoup de dévouement dans l'accomplissement de leurs devoirs.—Dans ses relations avec les élèves, il était bienveillant et affable, mais toujours sans faiblesse, sachant faire prévaloir, malgré toutes les influences, les principes d'ordre et de discipline avec lesquels les étudiants de nos Facultés doivent plus que tous autres se familiariser, et ne reculant point devant un acte de rigueur, lorsqu'il lui paraissait nécessaire. Son vœu le plus cher était de voir s'accroître sous sa direction le personnel de la Faculté de Grenoble. L'augmentation si enviée ne répondit point, il est vrai, à ses espérances ; mais il put, avant de mourir, dans son dernier Rapport, se féliciter d'un grand

(1) M. Bolland (1820) ; MM. Quinon et Burdet (1831) ; M. Gueymard (1832) ; M. Mallein (1er février 1838) ; M. Taulier (20 octobre 1838).

événement politique qui, en rendant à la France les Alpes pour frontières, étendait le ressort de notre Faculté, souhaiter la bienvenue aux étudiants que la nouvelle province nous envoyait déjà, et marquer le point de départ d'un développement rapide qui ne s'est pas encore ralenti (1).

Je ne vous ai parlé jusqu'ici, Messieurs, que du professeur, et je ne crois pas avoir besoin de me justifier ici d'avoir choisi ce point de vue, de préférence à tout autre. — La vie de M. Taulier ne s'est point cependant renfermée tout entière dans l'enceinte de la Faculté, et, chez lui, l'avocat et l'administrateur mériteraient une étude spéciale.

Quoique absorbé par ses études théoriques et par les travaux du professorat, M. Taulier n'abandonna jamais complètement le Palais-de-Justice, et de grands intérêts lui furent souvent confiés. L'histoire a même conservé le souvenir de quelques-uns de ses discours. Une fois entre autres, c'était en 1841, un journal Grenoblois venait de publier sur l'infortuné Paul Didier, dont le nom appartient aussi à cette Faculté (2), un article dans lequel ce malheureux

(1) 1854-1855 — 435   1859-1860 — 389
    1855-1856 — 399   1860-1861 — 487
    1856-1857 — 359   1861-1862 — 515
    1857-1858 — 482   1862-1863 — 568
    1858-1859 — 406   1863-1864 — 682

(2) Le 1er novembre 1805, Paul Didier fut nommé professeur de Droit romain et directeur de l'École de Droit de Grenoble. Il donna sa démission au commencement de l'année 1809, au moment où l'École venait de prendre le nom de *Faculté*, et fut remplacé dans le décanat, le 5 mai 1809, par M. Planel.

chef de la conspiration de 1816 était accusé d'avoir rêvé une nouvelle Jacquerie. L'article blessa les légitimes susceptibilités d'un fils, et une plainte en diffamation fut déposée contre son auteur. Elle fut développée dans une plaidoirie brillante, chaleureuse et animée, par un avocat qui, jeune encore, s'était plus d'une fois signalé, et promettait de devenir la gloire et l'honneur du barreau français. Un pareil voisinage, que les plus aguerris auraient justement redouté, n'effraya point M. Taulier, et il engagea résolûment la lutte avec M. Jules Favre.

Il défendit d'abord, en Droit, cette thèse que la Cour de cassation proscrivait, il y a peu de temps, et en faveur de laquelle il invoquait des arguments dont on ne peut méconnaître l'imposante gravité; c'est-à-dire que la loi de 1819 n'a point entendu protéger la mémoire des morts, et n'a tracé aucune règle sur l'action des héritiers. — Il faut laisser intacts les droits de l'historien, et même, dans un grand intérêt d'ordre public, il est bon de contenir les méchants par la crainte du jugement qui les attend après leur mort. L'antique Égypte, avant de donner un tombeau à ses rois trépassés, soumettait leur vie à l'examen d'un tribunal imposant, et l'autorité absolue du souverain régnant n'en paraissait pas amoindrie; la France du XIXe siècle serait-elle donc moins libérale? Si l'on doit aux vivants des égards, on ne doit aux morts que la vérité.

Mais, en fait même, comparer l'insurrection de 1816 à la Jacquerie, était-ce manquer d'égards pour la mémoire de Paul Didier? L'expression est-elle donc vraiment injurieuse?—L'orateur, par un retour habile sur le passé de notre histoire nationale, fait alors un récit frappant de ce soulèvement qui, au XIVe siècle, ébranla si profondément la France; il en retrace avec élévation la cause et les caractères; il le compare à la Ligue, à la Ligue qu'aucune tradition n'a cependant flétrie, et qui, des deux insurrections, n'était peut-être pas la plus noble et la plus généreuse. Pourquoi donc cette différence? C'est que, dans un cas, vous aviez la lutte du peuple contre les grands, et les grands l'ont flétrie; dans l'autre, ce sont les grands entre eux qui se disputent le pouvoir, et ils se gardent bien de condamner leurs mesquines agitations. — Mais la justice doit se préoccuper seulement de la vérité et proscrire les préjugés fondés sur le mensonge.

Pour mieux établir encore l'innocence de son client, l'orateur, dans un mouvement de chaleureuse éloquence, va mettre en parallèle la France de 1358 et la France de 1816. — En 1358, la France vient d'être vaincue à Poitiers; en 1816, elle est au lendemain du deuil de Waterloo. — En 1358, la France est veuve de son roi qu'elle chérit; en 1816, elle est veuve de son empereur qu'elle idolâtre. — En 1358, le roi Jean est prisonnier à Londres; en 1816, un vaisseau anglais vient de déposer Napoléon sur le roc sublime de Sainte-Hélène. — En 1358, la noblesse a fui à la bataille de Poitiers; on dit que, la veille de Waterloo, des généraux français désertèrent leur camp et passèrent à l'ennemi. — En 1358, le sol national vient d'être foulé aux pieds par l'Anglais; en 1816, l'occupation étrangère, prétendant humilier un légitime orgueil, vient à peine de cesser. — En 1358, le soulèvement se dirige contre la tyrannie des seigneurs; en 1816, les esprits s'irritent des réactions royalistes accomplies et de celles qui semblent devoir s'accomplir encore. — En 1358, des paysans se révoltent; en 1816, c'est à la tête d'une troupe de paysans que Didier apparaît aux portes de Grenoble. — En 1358, les paysans sont égorgés par milliers; en 1816, vingt-et-un seulement sont mis à mort; mais qu'importe, puisque, au XIXe siècle, comme en 1358, le pouvoir oublia que la justice ne doit jamais revêtir la forme de la vengeance! — En 1358, le roi des Jacques meurt couronné d'un trépied de fer rouge; en 1816, la tête de Didier roule sur un échafaud !!

Faut-il vous dire, Messieurs, que le tribunal rejeta l'action de M. Simon Didier, en constatant que le défenseur de l'écrivain avait expliqué sa pensée, justifié sa bonne foi et détruit, dans l'article incriminé, le caractère de diffamation qu'il paraissait avoir dans le principe (1) ?

Ce seul exemple (et j'aurais pu, Messieurs, vous en citer d'autres) suffira pour vous montrer combien étaient variées les ressources de cette brillante intelligence, et comment elle savait élargir et rendre intéressantes les questions en apparence les plus simples.

M. Taulier siégea aussi pendant de longues années, soit au Conseil général de l'Isère, soit au Conseil municipal de Grenoble. Deux fois même, en 1845 et en 1849, il fut appelé à la tête de l'adminis-

---

(1) M. Auguste Ducoin : *Paul Didier ; histoire de la conspiration de 1816.* Paris, 1844, p. 254. — Le jugement est du 21 août 1841.

tration de cette ville, et il y marqua son passage par des créations importantes qui signalent sa mémoire à la reconnaissance de ses concitoyens. « Vouloir avant tout le bien de la cité; utiliser, pour atteindre ce but, toutes les facultés, toutes les passions; se défendre de tout esprit étroitement exclusif; attirer à soi par une parfaite loyauté de vues et une extrême bienveillance de formes; apaiser toute irritation par le tact et la prudence; satisfaire certains amours-propres en leur faisant une part légitime; rendre ainsi plus difficiles les occasions de lutte; abdiquer toute aigreur, toute acrimonie, pour entretenir chez les autres un sentiment de calme, un besoin de concorde, qui est au fond de la nature humaine; provoquer au besoin la critique, l'écouter, l'accueillir, la forcer à être honnête et décente, en l'élevant à la hauteur d'une sorte de nécessité sociale; ne pas croire qu'entre les partis qui combattent, toute la raison est d'un côté, toute l'erreur de l'autre; » voilà quel était son programme; et je ne sais, Messieurs, s'il en fut jamais un plus noble et plus digne.

Parmi les institutions dont il dota Grenoble, celle qui eut au dehors le plus de retentissement est l'Association alimentaire, qui, après quelques objections facilement réfutées, obtint l'assentiment de tous les philanthropes et de tous les économistes, et que les cités les plus importantes, Lyon, Bordeaux, Marseille, cherchèrent à imiter. « Mais le succès n'a pas été partout le même, parce qu'on n'a pas eu partout la même habileté, ni la même prudence (1). »

(1) M. Jules Simon : *L'Ouvrière*, 2e éd. Paris, 1861, p. 297.

— Et cependant, cette création fut pour son auteur l'origine d'une amère déception. Le 27 février 1851, l'Association fonctionnait depuis un mois à peine et réalisait déjà toutes les espérances, lorsqu'un arrêté préfectoral suspendit brusquement M. Taulier de ses fonctions de maire, pour quelques infractions que, dans son désir de voir l'œuvre promptement réussir, il avait commises aux règles de la centralisation administrative. Grâce à Dieu ! l'œuvre a survécu ; elle est devenue indépendante et libre, et, son fondateur, que, malgré sa disgrâce, elle conserva à sa tête, a pu la voir distribuer jusqu'à treize cent mille rations par an.

Rendu à la vie privée, M. Taulier se consacra de plus en plus à son enseignement et au Palais. En 1858, il accepta la direction d'un Recueil raisonné des arrêts de la Cour de Grenoble, et de nombreuses annotations prouvèrent combien son concours était réel et efficace.—Si parfois, au milieu de ses travaux incessants, une heure de loisir se présentait à lui, elle était employée à retracer l'histoire des institutions de bienfaisance et d'instruction que possédait sa ville natale. Ville à ce point de vue vraiment sans pareille, où l'esprit d'association, qui caractérise les populations dauphinoises, s'est encore surpassé, pour réaliser des merveilles de charité et de dévouement ! Sociétés de secours mutuels et de prêts charitables ; asiles ouverts à l'enfance, à la jeunesse, à l'adolescence, aux infirmités, à la vieillesse ; établissements d'enseignement primaire et d'enseignement professionnel, en un mot, tout ce que la religion et la philanthropie, l'une et l'autre si ingénieuses à faire le bien, ont pu concevoir jusqu'à ce jour, tout a été essayé, et tout a réussi. — Qui pourrait lire sans une vive émotion ces pages, pleines de cœur et de noble générosité, dans lesquelles M. Taulier a redit les débuts et les succès de ces tentatives si nombreuses, et chaque jour renouvelées, pour secourir et améliorer la misère? Tentatives qui doivent être une cause d'allégement pour les souffrances du pauvre, une cause d'apaisement pour ses passions, si parfois l'aiguillon de la douleur le poussait à une révolte impie! — Aussi, le VRAI LIVRE DU PEUPLE est-il, à mes yeux, un des titres d'honneur dont Grenoble peut le plus légitimement s'enorgueillir; car jamais historien ne présentera son histoire sous une forme plus touchante et plus sympathique (1).

On a reproché à M. Taulier de ne s'être pas assez soigneusement effacé dans son livre, et d'avoir trop laissé découvrir ce moi, qui, s'il n'est pas toujours haïssable, nous impressionne toujours désagréablement. La remarque peut avoir du vrai, mais la critique me semble trop sévère. Un lien si intime l'unissait aux sociétés charitables de Grenoble, que sa personnalité, sans cesse mêlée à leur histoire, ne pouvait aisément s'en détacher. Il parlait d'institutions qu'il avait fondées ou qu'il avait surveillées et dirigées avec une affection toute paternelle. — N'oubliez pas, d'ailleurs,

---

(1) *Le vrai Livre du peuple, ou le Riche et le Pauvre; histoire et tableau des institutions de bienfaisance et d'instruction primaire de la ville de Grenoble*, par Frédéric Taulier. Grenoble, Maisonville, 1860. Un vol. in-8° de xx-598 pages.

Messieurs, que le pouvoir de bien faire, qui avait longtemps résidé entre ses mains, lui avait échappé ; la perspective des honneurs et des dignités qu'il avait pu espérer s'était assombrie ; la réalisation de ses rêves ambitieux paraissait devenue impossible.—Pour cette intelligence si active et si puissante, la vie était dans le passé bien plus que dans l'avenir ; M. Taulier sentait vaguement que son œuvre était accomplie, et, en se complaisant dans le récit des grandes choses qu'il avait faites, il obéissait à une des dispositions les plus naturelles de l'esprit humain.

Le vrai Livre du peuple marque, en effet, la dernière étape de sa vie, et il paraît avoir eu, en l'écrivant, la conscience de sa fin prochaine. Cependant, il était jeune encore, si l'on ne tient compte que des années. Mais Dieu l'avait soumis parfois à de terribles épreuves. Son cœur aimant et avide d'affections avait été cruellement déchiré, son courage abattu. — Il se redressait pourtant et demandait alors à des labeurs sans relâche l'oubli de chagrins sans remède. Mais ses forces s'épuisaient et son organisation succombait à la peine. L'heure suprême arriva à grands pas, et il l'accueillit avec la pieuse résignation et les immortelles espérances de sa foi religieuse.

M. Taulier est mort à Grenoble, le 22 janvier 1861, âgé de cinquante-quatre ans.

Tel fut mon prédécesseur: « *Si natura suppeditet, œmulatu decoremus* » (1).

Est-il besoin maintenant, Messieurs et chers disciples, que je vous dise qui je suis, et quels principes

(1) Tacite, *Agricola*, c. XLVI.

me dirigeront dans l'accomplissement de ma mission ? Serais-je donc pour vous un étranger ? — L'une des plus belles prérogatives de cette chaire est de permettre à celui qui l'occupe de vous accompagner pendant tout le cours de vos études ; et, si nous ne voyons point passer successivement dans notre auditoire le personnel entier de nos Facultés, notre affection pour vous, en se restreignant et en se prolongeant, devient et plus forte et plus vive. Depuis deux années, je suis au milieu de vous, et nous avons vécu dans une communauté trop intime d'idées pour que les meilleurs liens ne nous attachent point les uns aux autres. Vous m'avez vu à l'œuvre, et je n'ai plus de profession de foi à vous faire.

Le but constant de mes efforts, en vous initiant à la science du Droit, a été de développer dans vos âmes la conscience de ce devoir qui pèse sur tous les interprètes de la loi. Quels que soient notre titre et notre mission, professeurs, magistrats, auxiliaires de la justice, nous sommes tous esclaves de la loi, et nous devons réagir contre ces doctrines qui, sous le prétexte trompeur d'une équité apparente, veulent rendre le juge souverain et lui permettent de modifier la loi au gré de ses sentiments. Doctrines dangereuses par le nom et l'autorité de leurs défenseurs, par le prestige dont elles s'entourent, et surtout par le drapeau qu'elles arborent ! L'école individualiste est le jouet d'une vaine illusion, lorsqu'elle veut nous arracher à ce noble esclavage, qui, loin de nous opprimer, est la meilleure garantie de notre liberté et de notre indépendance : « *Legum idcirco servi sumus, ut liberi esse possimus.* »

Loin de moi, certes, Messieurs, la pensée d'éteindre dans vos esprits la foi au progrès, de vous présenter la législation comme fatalement immuable, quand tout se meut autour d'elle ! A Dieu ne plaise qu'il en soit ainsi ! et l'histoire est là pour vous prouver que ce danger n'est pas à craindre. Mais la réforme doit émaner du législateur et non pas de l'interprète. — Que deviendrait la science du Droit, le jour où la doctrine de la toute-puissance du juge, passant de la théorie dans le monde des faits, se montrerait ouvertement sans les précautions dont elle s'entoure aujourd'hui ; le jour où, à la volonté législative, chacun pourrait librement substituer ses propres conceptions ? Nous ne le devinons que trop, et c'est le cas de redire, avec saint Augustin : « *Non licet judicibus de legibus judicare, sed secundum ipsas.* »

Soyez fidèles, Messieurs, à cette règle de conduite. N'oubliez pas non plus ces habitudes laborieuses qui vous ont signalés à l'affection de vos maîtres, et auxquelles vous êtes redevables de vos succès dans les concours et dans les épreuves universitaires. Songez que, si elles sont pleines de promesses pour l'avenir, sans elles, aucun de vous ne pourrait parvenir au but que vous vous proposez d'atteindre. Le travail est en effet, après la bonne conduite, la condition la plus essentielle de tout succès véritable dans le monde ; non point le travail par accès, à des intervalles plus ou moins éloignés, mais le travail continu et persévérant, qui ne se lasse point, qui ne se rebute jamais, et qui, à travers les obstacles, poursuit sa marche avec une résolution opiniâtre. Écoutez le conseil que donnait à la jeunesse du

XVIIᵉ siècle l'un de vos compatriotes, Antoine Favre, la plus grande figure du Sénat de Chambéry :

« Si quis forte velit jurisconsultus haberi,
« Continuet studium, velit a quocumque doceri ;
« Invigilet, nec vincat eum tortura laboris ;
« Fortior insurgat, cunctisque recentior horis. »

Méditons ces paroles, Messieurs ; elles s'adressent à nous tous, à moi comme à vous, à moi plus encore peut-être qu'à vous, puisque je dois le premier vous donner l'exemple.—Étudions donc avec ardeur ; reprenons courageusement la suite de nos travaux interrompus, certains que nous sommes de rencontrer, dès cette vie, la récompense que Dieu a promise à tous les hommes de bonne volonté.

www.ingramcontent.com/pod-product-compliance
Lightning Source LLC
Chambersburg PA
CBHW060514050426
42451CB00009B/977